Rivana W. Flora

Spiritueller Licht – Energiekalender

2020

Autorin

Rivana ist aufgewachsen in einem idyllischen Dorf umgeben von Wald, herrlich duftenden Wiesen und vielen Tieren. Deshalb hatte sie schon als Kind sehr engen Kontakt zu Tieren, Pflanzen und zur „Geistigen Welt" besonders zu Engeln und Jesus. Schon als Kind konnte sie Dinge sehen und fühlen, die Andere nicht bemerkten. Das wurde ihr aber erst später nach vielen Schlüsselerlebnissen in ihrem Leben bewußt. Heute ist sie im Vertrauen mit der „Geistigen Welt" und sehr dankbar für deren Unterstützung und Führung. Rivana lebt heute in Sachsen. Ihre medialen Fähigkeiten unterstützen sie als Life- und Energiecoach und hellsichtiges Kartenmedium. Sie ist Mystikerin und Hobbyethnologin und hat die heilpraktische Ausbildung zur Phytotherapeutin abgeschlossen.

In der Hoffnung, dass der Kalender Euch ein treuer Begleiter wird, wünsche ich viel Freude, Glück und Leichtigkeit für das Jahr 2020.

Eure Rivana

Mailadresse: SHT-Flora@gmx.de

weitere Publikation von Rivana :
Spiritueller Licht - Energiekalender 2018
Spiritueller Licht - Energiekalender 2019

Meine Wünsche für das Jahr 2020

Der Inhalt des vorliegenden Buchkalenders stammt aus dem volkstümlichen Brauchtum und meinen weltweiten Recherchen. Er ist meine eigene Interpretation, Kreation und entspringt meiner Intuition. Dieser Kalender wurde von mir sorgfältig erarbeitet. Trotzdem erfolgen alle Angaben ohne Gewähr und ersetzen nicht den Gang zum Arzt oder Heilpraktiker. Weder die Autorin noch der Verlag übernehmen Haftung für die Richtigkeit, das Gelingen oder Schäden die aus den in diesem Buch gemachten praktischen Hinweisen resultieren.
Alle Urheberrechte liegen bei Rivana W. Flora. Die Verbreitung und die fotomechanische Wiedergabe auch durch Funk und Fernsehen sowie Internet ist nur nach ausdrücklicher Genehmigung der Autorin erlaubt.
Bibliographische Information der Deutschen Nationalbibliothek: die Deutsche Nationalbibliothek verzeichnet die Publikation in der Deutschen Nationalbibliografie; detaillierte nationalbibliografische Daten sind im Internet über http://dnb.de abrufbar.

Copyright © 2019 Rivana W. Flora
Kalendererstausgabe 2017/ 3.Ausgabe 2019
Inhalt, Umschlaggestaltung und Bilder: Rivana W. Flora
Herstellung und Verlag: BOD – Books on Demand, Norderstedt
ISBN: 9783732287116

Im März 2020 das Jahr des Merkur zu Ende geht.
Dann der Mond sich ganz nah um die Erde dreht.
Er gibt der Erde viel Spiritualiät und Raum zurück, so dass sie sich ein bisschen erholen kann von des Menschen Raubbau zum Glück.
Die positiven Energien werden sehr stark fliessen und lassen das Leben noch mehr spriessen.
Lass Deinen Intuitionen freien Raum,
so kannst Du Deine Seele heilen und wirst alt wie ein Baum.

Eure Rivana

Inhalt

Vorwort	8
Abkürzungen	9
Bundesweite Feiertage	10
Kalenderübersicht 2020	11
Kalendarium 2020	12
Phantastische Tierwesen - Phönix	120
Heilige Geometrie – Metadrons Würfel	121
Energetisches Eiweissbrot mit Kräutern	123

„Das Leben wird nicht gemessen
an der Zahl der Atemzüge,
sondern an den Augenblicken,
die uns den Atem rauben."

Vorwort

Im Jahr 2020 übernimmt der Mond die Regentschaft über die Erde. Der Mond besitzt seit ursprünglichen Zeiten eine grosse Faszination für die Menschen. Seit jeher wird er rund um den Erdball bei verschiedenen Völkern angebetet. Das kann ich gut verstehen, denn er wandelt sein Aussehen innerhalb eines Monats und ist für gravierende Veränderungen auf der Erde verantwortlich (Gezeiten). Ich kann besonders an Vollmondtagen schlecht schlafen. Noch heute führen viele Menschen nach dem Mondkalender bestimmte Tätigkeiten aus (Haare schneiden, pflanzen, säen, ernten u.a.).
Dafür gibt es spezielle Kalender die verschieden Tätigkeiten an bestimmten Tagen durchzufühen vorschlagen. Dabei solltest Du jedoch immer auf Dein Bauchgefühl hören und nicht nur wahllos alles übernehmen, wie es in diesen Büchern steht.
Nun kommt dieses Jahr der Mond der Erde sehr nah und wird unsere Intuition, Gefühle sowie das Wetter sehr beeinflussen. Die Intuition kann ich auch mit innerer Führung oder innerer Weisheit beschreiben. Meist ist es der 1.Impuls, der unsere Gedanken zu etwas bewegt. Jeder Mensch wird mit intuitiven Fähigkeiten geboren, die uns oft in der Jugend wieder abgewöhnt werden. Das ist sehr traurig, denn es ist ein wichtiges praktisches Werkzeug, um Entscheidungen und Herausforderungen im Alltag zu treffen. Oft hören wir aber auf den Verstand. Das ist manchmal notwendig und hilfreich, kann uns aber im Leben oft in die falsche Richtung zwängen, was wir später bereuen könnten. Du kannst Deine innere Weisheit selber spirituell pflegen und verstärken. Dafur giebt es verschiedene Rituale z. B kannst du eine Liste erstellen für deine beruflichen und kreativen Wunschträume. Dabei ist wichtig auch eine Liste anzulegen für die konkreten Schritte, die Du unternehmen willst, um diesem Wunsch nachzuspüren. Ich schreibe oft meine Morgenseite wo ich alle Gedanken fetshalte, die mich gerade bewegen. Das ist sehr hilfreich um gut in den Tag zu starten. Natürlich kannst du die Seiten in einen Hefter ablegen und manchmal ergibt sich daraus eine völlig neue Idee, wenn Du es im nachhinein liest.

Verwendete Abkürzungen

frühchr.	Frühchristlich
vorchr.	Vorchristlich
v. Chr.	vor Christus
El	Esslöffel
Tl	Teelöffel
z.B.	zum Beispiel
No	Nummer
franz.	französisch
●	Neumond
○	Vollmond
Tr.	Tropfen
äth.	ätherisches
griech.	Griechisch
relig.	religiös
BR	Bauernregel
Bl	Blätter
u.a.	und anderes

Bundesweite gesetzliche Feiertage

01.01 2020	Neujahrstag
10.04.2020	Karfreitag
12.04.2020	Ostesonntag
13.04.2020	Ostermontag
01.05.2020	Maifeiertag
21.05.2020	Christi Himmelfahrt
31.05 2020	Pfingstsonntag
01.06.2020	Pfingstmontag
03.10.2020	Tag der deutschen Einheit
25.12.2020	1. Weihnachtstag
26.12.2020	2. Weihnachtstag
01.01.2021	Neujahrstag

Kalenderübersicht 2020

Dezember 2019/ Januar 2020

1.Woche

30 Montag

---

31 Dienstag Silvester

---

1 Mittwoch **Neujahr**

---

2 Donnerstag

Januar 2020

3 Freitag

4 Samstag

5 Sonntag

Silvester: Römer feierten diesen Tag mit Feuerwerk ab 135 v. Chr. um Dämonen und negative Energien zu verjagen. Ab 1582 wurde der Tag nach dem heiligen Papst Silvester benannt. Der Name Silvester hat alte germanische Wurzeln: deutsche Bedeutung: Silva -Wald, Vesta- Mensch
Silvester/Neujahrsritual mit Erzengel Michael
Befestige eine kleine durhcgefärbte kleine (Puppenkerze, Stabkerze) blaue durchgefärbte Kerze in einem feuerfesten Glas und reibe sie vorher mit Irisöl ein, dann zünde die sie an und sprich folgende Worte: „ Lieber Erzengel Michael behüte und beschütze mich im neuen Jahr. Gib mir Deien Segen im Neuen Jahr für alle meine Handlungen und bewahre mich vor falschen Entscheidungen." Lass die Kerze im Freien (Fensterbank, Balkon...) in der Silvesternacht runterbrennen. Selle dabei sicher, daß sie nicht umkippen kann. Am Morgen danach vergrabe die Reste unter einem Baum in der Natur. Die Kerze kann auch noch den ganzen Neujahrstag brennen, wenn sie ausgeht zündest Du sie einfach wieder an. Wichtig ist, dass sie runterbrennt und nicht für andere Rituale verwendet wird.

Januar 2020

2. Woche

---

6 Montag Heilige 3 Könige

---

7 Dienstag

---

8 Mittwoch

---

9 Donnerstag

Januar 2020

10 Freitag ○

11 Samstag

12 Sonntag

Notizen

Januar 2020

3. Woche

---

13 Montag

---

14 Dienstag

---

15 Mittwoch

---

16 Donnerstag

Januar 2020

17 Freitag

18 Samstag

19 Sonntag

Notizen

Januar 2020

4. Woche

20 Montag

21 Dienstag

22 Mittwoch

23 Donnerstag

Januar 2020

24 Freitag ●

25 Samstag

26 Sonntag

Erzengel Chamuel Liebesbad
Vor dem Bad: Badewasser (ca 37 °C) mit 1 Becher Sahne, 3 Eßl. Olivenöl, 3 Tr. äth. Öl von Rosen und Rosenblütenblatter, 3Teelichter auf Wannenrand stellen, anzünden.Haare mt Naturkamm in voller Länge durchbürsten
Gebet: „Lieber Chamuel umhülle mich mit Deiner Energie und bringe mir meinen Wunschpartner ins Leben"
in Badewasser eintauchen (nur Gesicht herausschauen lassen) ca 5-10Minuten
●Nach dem Bad:in Bademantel hüllen und Harre mit Handtuch einwickeln
●eine rosa Kerze (z.b.Stab- oder Puppenkerze) in feuerfestem Behälter anzünden und diese mindestens 30 min brennen lassen. Die Kerze sollte in den nächsten Tagen täglich angezündet werden bis sie ganz heruntergebrannt ist und die Reste in der Natur vergraben
●mindestens 30 Minuten ruhen oder bis zum Morgen schlafen, danach.Haare mit mildem Shampo waschen
●Traumtagebuch führen
●die nächsten 4 Wochen auf Deine Träume und Zeichen der Engel achten

Januar 2020

5. Woche

---

27 Montag

---

28 Dienstag

---

29 Mittwoch

---

30 Donnerstag

Februar 2020

31 Freitag

1 Samstag

2 Sonntag

Notizen

Februar 2020

6. Woche

3 Montag

4 Dienstag

5 Mittwoch

6 Donnerstag

Februar 2020

7 Freitag

8 Samstag

9 Sonntag ○

Notizen

Februar 2020

7. Woche

10 Montag

11 Dienstag

12 Mittwoch

13 Donnerstag

Februar 2020

---

14 Freitag

---

15 Samstag

---

16 Sonntag

Notizen

Februar 2020

8 Woche
---

17 Montag

---

18 Dienstag

---

19 Mittwoch

---

20 Donnerstag

Februar 2020

---

21 Freitag

---

22 Samstag

---

23 Sonntag ●

Notizen

Februar 2020

9. Woche

---

24 Montag Rosenmontag

---

25 Dienstag Fastnacht

---

26 Mittwoch Aschermittwoch

---

27 Donnerstag

Februar/März 2020

28 Freitag

29 Samstag

1 Sonntag

Notizen

März 2020

10 Woche

2 Montag

3 Dienstag

4 Mittwoch

5 Donnerstag

März 2020

6 Freitag

7 Samstag

8 Sonntag

Notizen

März 2020

11.Woche

9 Montag ○

10 Dienstag

11 Mittwoch

12 Donnerstag

März 2020

13 Freitag

14 Samstag

15 Sonntag

Notizen

März 2020

12.Wöche
___

16 Montag

___

17 Dienstag

___

18 Mittwoch

___

19 Donnerstag

März 2020

20 Freitag

21 Samstag

22 Sonntag

Energiesalat aus dem Garten der Engel:
Die Wald und Wiesenkräuter von Gott und den Engeln sind für uns energetischer Nahrungsquell. Es gibt kein Unkraut. Alles hat in der Natur seinen Nutzen.
Zutaten 1 Handvoll Blätter und Blüten von Gänseblümchen, 3 kleine Blätter Löwenzahn,1 Hanvoll Spitzwegerichblätter, 3 Blätter Melisse, 3 Blätter Giersch, 3 Blätter Gundermannn, 1 Hand voll Brombeeren oder Heidelbeeren, obendrauf 1 - 2 hart geckochte zerleinertes Eier
Dressing aus 3 El Öl, 2 Tl Zitrone, 1 Tl Senf, 1/2 Tl Honig,

März 2020

13.Wöche

23 Montag

24 Dienstag ●

25 Mittwoch

26 Donnerstag

März 2020

27 Freitag

28 Samstag

29 Sonntag

März/April 2020

14. Woche

30 Montag

31 Dienstag

1 Mittwoch

2 Donnerstag

April 2020

3 Freitag

4 Samstag

5 Sonntag

Notizen

April 2020

15.Woche

6 Montag

7 Dienstag

8 Mittwoch ○

9 Donnerstag

April 2020

10 Freitag **Karfreitag**

11 Samstag

12 Sonntag **Ostersonntag**

Energetisches Osterverjüngungswasser:
Für Ostersonntag:Suche Dir einen Quelle und dann stehst Du morgens spätestens 6.00 Uhr auf und holst Dir das Quellenwasser. Du solltest dabei aber die ganze Zeit schweigen sonst wird es Plapperwasser und ist unbrauchbar. Danach wäschst Du Dein Gesicht damit und kannst es auch für die Essenzen nutzen. Wenn das Wasser Trinkqualität hat, kannst Du es auch innerlich verwenden. Dem Osterwasser werden verjüngende Eigenschaften nachgesagt.

April 2020

16. Woche

13 Montag **Ostermontag**

14 Dienstag

15 Mittwoch

16 Donnerstag

April 2020

---

17 Freitag

---

18 Samstag

---

19 Sonntag

Notizen

April 2020

17. Woche

---

20 Montag

---

21 Dienstag

---

22 Mittwoch

---

23 Donnerstag ●

April 2020

24 Freitag

25 Samstag

26 Sonntag

Notizen

April 2020

18.Woche

---

27 Montag

---

28 Dienstag

---

29 Mittwoch

---

30 Donnerstag

Mai 2020

1 Freitag **Maifeiertag**

2 Samstag

3 Sonntag

Notizen

Mai 2020

19. Woche

4 Montag

5 Dienstag

6 Mittwoch

7 Donnerstag ○

Mai 2020

8 Freitag

9 Samstag

10 Sonntag Muttertag

Notizen

Mai 2020

20. Woche

11 Montag

12 Dienstag

13 Mittwoch

14 Donnerstag

Mai 2020

---

15 Freitag

---

16 Samstag

---

17 Sonntag

Notizen

Mai 2020

21.Woche

---

18 Montag

---

19 Dienstag

---

20 Mittwoch

---

21 Donnerstag **Christi Himmelfahrt**

Mai 2020

22 Freitag ●

23 Samstag

24 Sonntag

Notizen

Mai 2020

22. Woche

25 Montag

26 Dienstag

27 Mittwoch

28 Donnerstag

Mai 2020

29 Freitag

30 Samstag

31 Sonntag **Pfingstsonntag**

Verbindung mit Gott Vater und Mutter Erde

Lege Dich in einer warmen Vollmondnacht auf eine Wiese und schaue in das Mondlicht und den Sternenhimmel. Du spürst die Unendlichkeit des Universums und fühlst dich sehr lebendig. Danach schliest Du die Augen und lässt die Energie von deinen Füßen bis zum Scheitel fließen und wieder zurück.das ganze 3 mal. Dabei kannst Du oft ein kribbeln spüren oder es wird ganz warm. Lass es einfach zu, ohne Bewertung. Dann öffne die Augen und laufe, tanze oder springe Barfuss über die Wiese.

Juni 2020

23. Woche

1 Montag **Pfingstmontag**

2 Dienstag

3 Mittwoch

4 Donnerstag

Juni 2020

---

5 Freitag ○

---

6 Samstag

---

7 Sonntag

Notizen

Juni 2020

24. Woche

---

8 Montag

---

9 Dienstag

---

10 Mittwoch

---

11 Donnerstag

Juni 2020

12 Freitag

13 Samstag

14 Sonntag

Heilige Geometrie des Universums – Lemiskate
Wird durch die liegende 8 symbolisiert. Oft wird es auch Unendlichkeitszeichen genannt. Wurde im 17. Jh. erkannt und geprägt durch den schweizer Mathematiker Bernoulli. Es ist das Symbol der Vollendung und des Einklangs und bedeutet Einheit in der Dualität. Schöpfung und Wachstum ist nur durch Dualität möglich und wird gleichzeitig durch diese gefördert. Die Lemiskate finden wir auch in unserer DNA sowie dem Äsulab- und Hermesstab.
Wie ein Schlüssel bringt dieses Symbol Ausgleich, Heilung und Selbstfindung. Im alten Indien wurde die Schlange mit der Lemiskate verbunden, was sich z. B. In der Kundalinikraft wiederspiegelt. Die Kundalini ist die weibliche Urenergie und soll die Lebenskraft und Erleuchtung wecken.

Juni 2020

25.Woche

15 Montag

16 Dienstag

17 Mittwoch

18 Donnerstag

Juni 2020

---

19 Freitag

---

20 Samstag

---

21 Sonntag ●

Notizen

Juni 2020

26. Woche

---

22 Montag

---

23 Dienstag

---

24 Mittwoch

---

25 Donnerstag

Juni 2020

26 Freitag

27 Samstag

28 Sonntag

Notizen

Juni/Juli 2020

27. Woche

---

29 Montag

---

30 Dienstag

---

1 Mittwoch

---

2 Donnerstag

Juli 2020

3 Freitag

4 Samstag

5 Sonntag ○

Notizen

Juli 2020

28.Woche

6 Montag

7 Dienstag

8 Mittwoch

9 Donnerstag

Juli 2020

10 Freitag

11 Samstag

12 Sonntag

Notizen

Juli 2020

29.Woche

---

13 Montag

---

14 Dienstag

---

15 Mittwoch

---

16 Donnerstag

Juli 2020

17 Freitag

28 Samstag

29 Sonntag

Notizen

Juli 2020

30.Woche

---

20 Montag ●

---

21 Dienstag

---

22 Mittwoch

---

23 Donnerstag

Juli 2020

---

24 Freitag

---

25 Samstag

---

26 Sonntag

Heilige Geometrie des Universums - Blume des Lebens
Damit sind die Muster und Symbole der heiligen Geometrie (z. B.Lemiskate, Merkaba, Lebensbaum, Yantras...) gemeint, die auch als Sprache der Schöpfung verstanden werden. Hier spielt die Blume des Lebens eine zentrale Rolle, Sie ist aus geometrischen Kugel bzw. Kreis- formen entstanden. Jeder Zellenaufbau und Zellteilung entspricht diesem System. In vielen Ländern der Welt wird die Blume des Lebens als kraftvolles Symbol genutzt und ist überall zu sehen. Besonders in Asien habe ich diese Blume oft an Wänden und Fussböden gesehen. Durch die Verwendung dieses Zeichens wird sehr hohe Energie freigesetzt. Du kannst mit Ihr viele Dinge energetisch aufwerten. Es reicht schon, wenn du dieses Symbol auf Papier schreibst und dieses unter Deinen Teller oder die Wasseflasche legst.

Juli 2020

31.Woche

27 Montag

28 Dienstag

29 Mittwoch

30 Donnerstag

Juli/August 2020

31 Freitag

1 Samstag

2 Sonntag

Notizen

August 2020

32. Woche

3 Montag ○

4 Dienstag

5 Mittwoch

6 Donnerstag

August 2020

7 Freitag

8 Samstag

9 Sonntag

Notizen

August 2020

33. Woche

10 Montag

11 Dienstag

12 Mittwoch

13 Donnerstag

August 2020

14 Freitag

15 Samstag Maria Himmelfahrt

16 Sonntag

Notizen

August 2020

34. Woche

17 Montag

18 Dienstag

19 Mittwoch ●

20 Donnerstag

August 2020

21 Freitag

22 Samstag

23 Sonntag

Herstellung einer Erzengel Gabriel - Lichtessenz
An einem Vollmondtag mischst Du auf 1Glas Quellwasser
1Schnapsglas mindestens 30 % igen Alkohol. Dadurch sieht
das Wasser etwas milchig aus. Als Duft gibst Du 3 Tr. äth
Jasminöl oder einen Ölauszug aus Gänseblümchen. Danach
stellst Du die Mischung in dieser Vollmondnacht auf das
Fensterbrett und sprichst ein Gebet an den Erzengel. Am
morgen füllst Du die Essenz in eine Sprühflasche aus Glas.
Dieses Wasser ist für jede Form der göttlichen lichtvollen
Energieaktivierung geeignet. Du kannst es als Körperspray
(von oben auf das Scheitelchakra sprühen), Zimmerspray
verwenden oder einige Sprühstösse zum Reinigungswasser
geben. **Bitte Vorsicht! Nicht innerlich einnehmen oder in
die Augen und auf Schleimhäute sprühen!**

August 2020

35.Woche

---

24 Montag

---

25 Dienstag

---

26 Mittwoch

---

27 Donnerstag

August 2020

28 Freitag

29 Samstag

30 Sonntag

Notizen

August/September 2020

36. Woche

31 Montag

1 Dienstag

2 Mittwoch ○

3 Donnerstag

September 2020

4 Freitag

5 Samstag

6 Sonntag

Notizen

September 2020

37.Woche

7 Montag

8 Dienstag

9 Mittwoch

10 Donnerstag

September 2020

11 Freitag

12 Samstag

13 Sonntag

Notizen

September 2020

38.Woche

14 Montag

15 Dienstag

16 Mittwoch

17 Donnerstag ●

September 2020

---

18 Freitag

---

19 Samstag

---

20 Sonntag

Notizen

September 2020

39. Woche

21 Montag

22 Dienstag

23 Mittwoch

24 Donnerstag

September 2020

25 Freitag

26 Samstag

27 Sonntag

September/Oktober 2020

40. Woche

28 Montag

29 Dienstag

30 Mittwoch

1 Donnerstag

Oktober 2020

2 Freitag

3 Samstag

4 Sonntag

Notizen

Oktober 2020

41.Woche

5 Montag

6 Dienstag

7 Mittwoch

8 Donnerstag

Oktober 2020

9 Freitag

10 Samstag

11 Sonntag

Notizen

Oktober 2020

42.Woche

12 Montag

13 Dienstag

14 Mittwoch

15 Donnerstag

Oktober 2020

---

16 Freitag ●

---

17 Samstag

---

18 Sonntag

Notizen

Oktober 2020

43.Woche
___

19 Montag

___

20 Dienstag

___

21 Mittwoch

___

22 Donnerstag

___

Oktober 2020

23 Freitag

24 Samstag

25 Sonntag

Notizen

Oktober 2020

44. Woche

26 Montag

27 Dienstag

28 Mittwoch

29 Donnerstag

Oktober/November 2020

30 Freitag

31 Samstag ○

1 Sonntag Allerheiligen

Notizen

November 2020

45.Wöche
___

2 Montag

___

3 Dienstag

___

4 Mittwoch

___

5 Donnerstag

___

November 2020

6 Freitag

7 Samstag

8 Sonntag

Notizen

November 2020

46.Wöche
___

9 Montag

___

10 Dienstag

___

11 Mittwoch

___

12 Donnerstag

___

November 2020

13 Freitag

14 Samstag

15 Sonntag ●

Notizen

November 2020

47. Woche

16 Montag

17 Dienstag

18 Mittwoch **Buß- und Bettag**

19 Donnerstag

November 2020

---

20 Freitag

---

21 Samstag

---

22 Sonntag

Waffeln aus dem Garten der Engel für 6 Port.

350 ml Milch,75 g Mehl, 2 kl Eier, 1 Pr.Salz, 4 el Öl, zu einem glatten Teig verühren und 30 min quellen lassen;1 Bund verschiedene Kräuter: wenig Löwenzahn, Spitzwegerich, Petersilie, Kerbel, Schnittlauch kleinhacken 1 El davon wegnehmen und Rest unter Teig rühren, auf dem Waffeleisen kleine Waffeln backen,
 für den Dip:
200g Feta mit der Gabel zerdrücken und mit 150g Joghurt 1 El. Quark und 2 el Öl verrühren, eventuell kleingeschnittene saure Gurken oder Peperoni und kleingehackte restl. Kräuter untermischen

November 2020

48.Woche

23 Montag

24 Dienstag

25 Mittwoch

26 Donnerstag

November 2020

27 Freitag

28 Samstag

29 Sonntag

Notizen

November/Dezember 2020

49.Woche

30 Montag ○

1 Dienstag

2 Mittwoch

3 Donnerstag

Dezember 2020

---

4 Freitag

---

5 Samstag

---

6 Sonntag

Notizen

Dezember 2020

50. Woche

---

7 Montag

---

8 Dienstag Maria Empfängnis

---

9 Mittwoch

---

10 Donnerstag

Dezember 2020

---

11 Freitag

---

12 Samstag

---

13 Sonntag

Notizen

Dezember 2020

51.Woche

14 Montag ●

15 Dienstag

16 Mittwoch

17 Donnerstag

Dezember 2020

18 Freitag

19 Samstag

20 Sonntag

Notizen

Dezember 2020

52. Woche

21 Montag

22 Dienstag

23 Mittwoch

24 Donnerstag Heiligabend

Dezember 2020

25 Freitag **1.Weihnachtstag**

26 Samstag **2.Weihnachtstag**

27 Sonntag

Rauhnächte
Wie mir bekannt ist, sind es die12 Nächte zwischen Weihnachten und Neujahr. Beginnend mit dem 25. als 1. Rauhnacht stehen jede Nacht für 1 Monat im neuen Jahr (1. Rauhnacht Jan/ 2. Rauhnacht Febr....)
Diese Nächte sind sehr bedeutsam und eignen sich sehr gut für Vorhersagen mit verschiedenen Orakeln.

Dezember/Januar 2020

53. Woche

28 Montag

29 Dienstag

30 Mittwoch ○

31 Donnerstag Silvester

Januar 2021

---

1 Freitag **Neujahr**

---

2 Samstag

---

3 Sonntag

Notizen

Heilenergien und Botschaften der Steine

Schon unsere Urahnem nutzten die Energie von Steinen und Mineralien. In Form vom Schmuck der früher die Funktion eines Talismannes hatte, wurden Steine und andere Materialien in Ketten, Armbänderuder Ringe eingearbeitet. Das sollte den Träger vor allem schützen und Glück bringen. Es gibt unzählige Edelsteine und Halbedelsteine wo ich nur auf einige hier eingehen kann. Die Verwendung der Steine ist in unterschiedlichen Variationen möglich. Du kannst sie auf deine Chakren auflegen, in die Tasche stecken, in die Hand nehmen, als Schmuck auf der Haut tragen oder Dein wasser damit energetisieren. **Vorsicht** ist hier geboten, denn nicht alle Steine können ins Trinkwasser gelegt werden. Völlig unbedenklich hierbei sind Amethyst, Bergkristall, Rosenquarz. **Informiere dich beim Kauf, ob es unbehandelte Steine fürs Trinkwasser sind**.
Amethyst: verbessert Konzentrationsfähigkeit und Klarheit ‚ist gut für Lunge, Haut und Dickdarm, bringt Deine spirituelle Seite zum klingen
Apatit: Motivation, Antieb Zielstebigkeit, Offenheit, fördert Neubildung von Knorpeln in Gelenken
Bergkristall: Klarheit, fördert Erinnerung, verbessert Augenlicht, fiebersenkend
Cyanit: hilft in Extremsituationen instinktiv richtig zu handeln, gut für Beweglichkeit, motorik und Fingerfertigkeit
Larimar: auch als Atlantisstein bekannt, da neuere Mythen ihn als einzig übriggebliebenes Zeugnis der Insel Atlantis zuordnen und er durch seine meerblaue Farbe in seiner Heimat besonders als Schutz- und Heilstein sowie Glücksbringer eingesetzt wird; hilft bei Beklemmungen und Atembeschwerden, Gelenkschmerzen, Knochenerkrankungen
Lapislazuli: fördert Wahrhaftigkeit,Verantwortung und Kontrolle über das eigene Leben, offene und ehrliche Aussprachen, gut für Hals, Kehlkopf und Stimmbänder

Magnesit: gibt Gelassenheit, Geduld, Entspannung, regt den Stoffwechsel an, lindert Koliken, Krämpfe sowie Migräne
Malachit: intensiviert und vertieft das Gefühlsleben, hilft bei sexuellen Schwierigkeiten, Menstruationsbeschwerden und Rheuma
Mondstein: fördert die Intuitions sowie Einfühlungsvermögen, hilft bei hormonellen Beschwerden
Regenbogenmondstein: (weisser Labradorit) fördert Feinfühligkeit und Intuition, verbessert Körpergefühl und tiefen Schlaf
Onyx: Schutzstein, fördert Selbstbewusst sein und Durchsetzungsvermögen, hilft bei Gleichgewichts- und Hörbeschwerden
Selenit: auch Spiegelstein genannt und in Deutschland als Marienglas bekannt, weil es Verwendung als Glasscheibenersatz vor Marienbildern und Reliquienbehälern verwendet wurde; bewundern kann man Marienglas in der gleichnamigen Höhle in Friedrichroda im Thür. Wald; Selen gibt festen Halt, hilft bei Gereiztheit, Übererregung sowie Kontrollverlust, schmerzlindernd
Turmalin schwarz: wichtigster Schutzstein, schafft Neutralität und Gelassenheit, hilft bei Strahleneinflüssen, Regeneration der Nerven

Phantastische Tierwesen - Phönix

Der Phönix wird schon in der Antike erwähnt und in vielen anderen Urvölkern (Sumerer, Maya, Chinesen) steht der Vogel unter anderem Namen z. B.in russischen Märchen und Sagen als Feuervogel im Fokus. Die Gestalt entstand im Umfeld religiöser Weltanschauungen, die die Zyklen und Entwicklung des Lebens mit der Grundlage der Sonne als göttliches Licht verehren.
Er ist ein fabelhaftes Tierwesen, dass am Ende seines Lebens stirbt und aus seinen Knochen oder seiner Asche wieder neu ersteht.
Erstmalige Erwähnung findet der Vogel in Verbindung mit Benu der in der altägyptischen Mythologie mit dem Sonnengott Rah und Osiris in Verbidung steht und oft als Reiter dargestellt wird der am Abend stirbt und am Morgen wiedergeboren wird.
In der hellenistischen Epoche werden verschiedene Episoden erzählt. Eine Variante berichtet, dass der Phönix am Ende seines Lebens ein Nest baut, sich hineinsetzt verbrennt, dann aus der Asche wieder neu entsteht.
Die andere Legende berichtet dass der rot- goldfarbene Vogel am Todestag seines Vaters in den Tempel nach Heliopolis kommt, aus Weihrauch oder Myhrre ein Nest baut, darin ein Ei legt, damit er seinen toten Vater in dieses Ei hineinlegen kann und es dann feierlich begraben wird.
In der Spätantike wurde die Gestalt des Phönix ein Zeichen der Unsterblichkeit. Bei den Christen galt er als Sinnbild der Auferstehung.
In der chinesischen Feng Sui Lehre ist der Phönix eines der 5 Tiere, die den energetischen Einfluss auf das äussere und innere Umfeld des Menschen symbolisieren. Die Phönixseite ist die Richtung mit der stärksten Energiedynamik und ist bei der Feng Shui Analyse entscheidend.
In der heutigen Zeit begegnet uns der Phönix als Namensgeber

von Apotheken und Fernsehsendern. Sogar Venedigs Opernhaus wurde1792 nach einem verherendem Brand und Wiederaufbau „La Fenice" (Der Phönix) genannt. Natürlich hat er auch in der Fantasy- Literatur seinen festen Platz z. B. bei Harry Potter oder in dem russischen Märchen „ Das bucklige Pferdchen" als Feuervogel.

Heilige Geometrie - Metatrons Würfel

Diese Form aus der heiligen Geometrie bezieht sich auf den Erzengel Metatron, der als Mittler zwischen dem Weltlichen und Göttlichen bekannt ist. " Der hinter dem Thron Gottes steht", bedeutet sein Name. Er zählt zu den höchsten Engeln an der Spitze des Lebensbaumes der Kabala. Sein Name wird in alten Aufzeichnungen christlicher und muslimischer Mystik erwähnt als Schriftführer Gottes. Bei den alten Ägyptern trug er den Namen Thoth. Seit 2 Jahrtausenden ist der Erzengel Metatron in den Schriften bekannt. Jedoch erst Leonardo Fibonacci entdeckte die geometrische Form als den Würfel des Metatron. Dieser Würfel ist einer der grundlegenden Schöpfungsmuster des Daseins und ist versteckt in der Blume des Lebens. Da diese Blume der Entwicklung des Menschen Menschen aus der Eizelle entspricht, ist also der Mensch die in Form gebrachte Ewigkeit und ein Kaleidorskop der Schöpfung. Sichtbar wird der Würfel erst, wenn du die Mitelpunkte der 13 Kreise aus der Frucht des Lebens miteinander verbindest. Aus diesem Würfel lassen sich die 3 dimensionalen 5 platonischen Körper (geom. Form, wo jede Seite den gleichen Winkel, Länge, Grösse hat und vollständig in eine Kugel passt) ableiten. Diese sind Tetraeder-Element Feuer, Hexaeder-Element Erde, Oktaeder-Element Luft, Dodekaeder-Element Äther und Ikosaeder- Element Wasser. Es sind auch 2 dimensionale Formen darin enthalten wie Dreieck, Viereck, Sterntetraeder und Sechseck.

Duch die Quintessenz aus der Blume des Lebens ist der Würfel des Metatron mit eines der kraftvollsten Elemente der heiligen Geometrie und enthält die Grundbausteine des Universums. Energetisch kann damit die Balance von maskulinen und femininen Energien aller Bewusstseinsebenen wiederhergestellt sowie Blockaden gelöst werden. Das Zellgedächtnis der Erde wird bewusst gemacht und kann damit positiv beeinflusst werden. Denn nur wenn die Erde im Gleichgewicht ist, kann sie für alle Bedürfnisse der Lebensformen auf ihr sorgen. Metatrons Würfel gehört zu denSymbolen mit der höchsten Schwingungsenergie und kann in vielen Situationen unterstützend wirken z. b. bei Gemütsschwankungen, orientierungslosigkeit, Visionssuche, Trennungsschmerz... Du kannst seine Energie vielfältig nutzen. (z. b. auf Papier malen und unter Dinge legen, die energetisiert werden sollen)

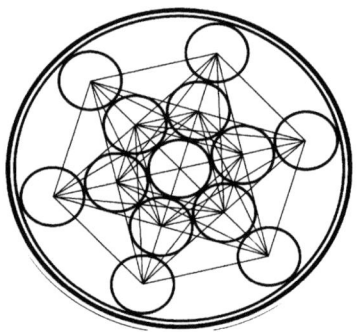

Energetisches Eiweissbrot mit Kräutern

Jetzt habe ich endlich ein fertiges Rezept kreiert.
-200g Mandelkerne, 50g Walnusskerne,
150g Sonnenblumenkerne,70g Leinsamen und
50g Flohsamenschalen im Mixer fein hacken,
-30g Guakernmehl, 80g Chiasamen, 2 Tl Backpulver,
-1 Tl Natron,und 1Tl Salz hinzufügen und alles vermischen
30g Kokosöl und 450 ml warmes Wasser
-1 Möhre (80 g) schälen und fein raspeln
-1 Bund gemischte Kräuter Petersilie, Rosmarin, Salbei, Estragon, Kerbel) oder andere Kräuter je nach Geschmack waschen, abschütteln und fein hacken und mit
10 g Leinensamen hinzufügen und alles verkneten

Den Teig in eine gefettete Kastenform füllen, glatt streichen und im heissen Ofen (E- Herd: 180°C, Umluft: 200°C) ca eine Stunde backen.

Nach dem Abkühlen mit Kräuterbutter oder Frischkäse-Aufstrich bestreichen, schmeckt einfach himmlisch!

Frischkäseaufstrich

1 Packung Feta oder 250g Frischkäse mit 3 fein gehackten oder gepressten Knoblauchzehen und 1 Messerspitze Süsspaprikapulver, 1 Tl Pflanzenöl 3 Tl Jogurt und Pfeffer nach Geschmack hinzugeben. Spätestens bis 1Tag nach der Zubereitung im Kühlschrank haltbar.

Inspirationen für das Jahr 2021